Pour Claude K Dubois

Loi 49 956 du 16 juillet 1949,
sur les publications destinées à la jeunesse.
Dépôt légal : décembre 2014
ISBN 978-2-211-07999-0

Mise en pages : *Architexte*, Bruxelles
Photogravure : *Media Process*, Bruxelles
Imprimé en Italie par *Grafiche AZ*, Vérone

Émile Jadoul

JE COMPTE JUSQU'À TROIS

PASTEL

l'école des loisirs

Il était une fois
un papa bouc…

et un petit bouc.

Papa Bouc
est un papa bouc
très pressé…

et Petit Bouc est un petit bouc
qui n’aime pas se dépêcher.
Tous les matins, c’est
la même chose :

vite se lever,
vite s’habiller,
vite déjeuner…
Et vite partir.

FRRRRRRR...

Quand Petit Bouc
ne va pas assez vite,
Papa Bouc pressé
est très énervé.
«Je compte
jusqu'à trois…
1, 2, 3 !»

«Vite, Petit Bouc, lève-toi !
Je vais être en retard au bureau.
Je compte jusqu'à trois.
Si à trois tu n'es pas levé…»
«Voilà, Papa Bouc, je suis là.»

Quand Petit Bouc est levé,
Papa Bouc lui dit : «Vite, vite,
Petit Bouc, habille-toi !
Je suis pressé ce matin.
Je compte jusqu'à trois.
Si à trois tu n'es pas habillé…»
«Voilà, Papa Bouc, je m'habille.»

Quand Petit Bouc est habillé,
Papa Bouc lui dit :
« Vite, vite, Petit Bouc, viens déjeuner !
Je suis pressé ce matin.

Je compte
jusqu'à trois.
Si à trois tu n'es
pas à table…»
«Voilà, Papa Bouc,
je suis à table.»

Quand Petit Bouc a fini son
petit déjeuner, Papa Bouc lui dit :
«Vite, vite, Petit Bouc, je suis très
très très pressé ce matin. Entre
vite dans la voiture. Je compte
jusqu'à trois. Si à trois…»
«Voilà, Papa Bouc, je suis là»,
dit Petit Bouc.

Quand Papa Bouc arrive
devant l'école de Petit Bouc, il dit :
«Vite, vite, Petit Bouc, un bisou !
Je suis très pressé aujourd'hui…
À ce soir, Petit Bouc.»

«Oui, oui. À ce soir, Papa Bouc.
Mais…

Biiiiiisous

tu sais, Papa Bouc, à l'école,
j'ai appris à compter jusqu'à 10.
Si tu veux, je peux t'apprendre !

On serait
moins pressé
le matin.

Tu ne trouves pas,
Papa Bouc ?»

4
5
8
9